Danser la disparition

Collection Littératures

Dépôt légal – Mai 2023
© Rhuthmos, 2023 – N° Siret : 81094682200014
14 A, rue Notre-Dame-de-Nazareth, 75003 Paris
ISBN : 979-10-95155-35-5
ISSN : 2680-6894
Impression : ICN/KDP

MARIAN DEL VALLE

Danser la disparition

Encres sur papier de Boris Rebetez

Rhuthmos

Également aux Éditions RHUTHMOS

Matières vivantes. Danses-écritures en processus. Barbara Manzetti, Monica Klinger, Marian del Valle, préface de Sophie Klimis, 2017.

Danses en dormance, préface de Marina Nordera, 2020.

Remerciements

Je voudrais remercier deux femmes, Annie Bozzini et Fabienne Aucant, l'ancienne et l'actuelle directrice de Charleroi-danse – Centre Chorégraphique de la Fédération Wallonie-Bruxelles, qui depuis quelques années accompagnent et soutiennent mes recherches. Ma gratitude également à toute l'équipe du Centre Chorégraphique pour leur accueil chaleureux. La bourse et la résidence de recherche octroyée par Charleroi-danse ont donné les moyens à ce livre d'aboutir et de prendre forme.

L'écriture de ce livre a pu être également réalisée grâce à l'aide de la Fédération Wallonie-Bruxelles, Administration générale de la Culture, Service de la Danse. Ma gratitude à Contredanse asbl pour son soutien.

Je remercie enfin Andrée, ma chère voisine, pour ses corrections et Pascal, mon éditeur, pour son enthousiasme et sa relecture patiente et joyeuse du texte.

La clairière

La clairière se peuple d'ombres et de sons : le bruit des tasses, des portes du frigo qui s'ouvrent et se referment, des pas sur le gravier, des rires de femmes, des voix aiguës d'enfants. Les bancs et les tables se remplissent peu à peu de gens. Des femmes seules lisent ou écrivent en silence. Au centre, un territoire est couvert de voiles blanches qui donnent de l'ombre à un ensemble de tables et de bancs. Des couples, des groupes d'amis parlent. Les femmes solitaires semblent concentrées. La clairière est un centre dans lequel – écrit Maria Zambrano – il n'est pas toujours possible d'entrer. Avec cette phrase, elle nous introduit dans son livre. Et nous, lecteurs, franchissons la limite qui nous sépare du « royaume qu'une âme habite et garde ». Nous laissons la lisière en arrière, nous voici dans la clairière.

C'est la douceur de midi, un midi d'été à l'ombre. Une fin d'été ensoleillée, lumineuse. J'ai reçu un livre ce matin. Mon voisin l'a déposé sur les escaliers. Il est enveloppé dans des feuilles blanches. Sur la dernière, apparaît mon nom écrit à la main en lettres majuscules. La couverture est noire, sans aucune lettre. À première vue, le petit livre semble silencieux. Il est sur la table, ma main gauche posée sur sa surface recouvre, presque tout entière, la douce matière noire.

Le grand vide de la clairière est momentanément habité par de multiples présences. Je reste à la périphérie, au bord.

Encore muet, le livre d'Estelle Czernichowski est en attente, enfermé dans le noir qui l'enveloppe. Les premières pages – noires elles aussi – sont un peu translucides, la lumière profite du geste de ma main pour s'infiltrer. Leurs différentes textures et nuances me conduisent vers une page blanche, la première du livre, une page vide, toute en transparence. On entrevoit un visage dessiné sommairement au verso de la page. Le livre – fait à la main et imprimé en six exemplaires – repose maintenant sur la table.

C'est ici où l'histoire devrait commencer, après les premiers tâtonnements. C'est maintenant, mais elle hésite encore.

Je passe à travers les pages porteuses de dessins, de mots, d'images. Des nouvelles pages noires – intercalées régulièrement – imposent un arrêt, interrompent toute tentative d'une lecture en continuité. Les avancées se heurtent à des trous où la lumière entre et ne ressort pas. Elle reste bloquée, interrompue. Sur les pages obscures la lumière gît inerte, interceptée. Aucun mouvement ne semble possible.

Mais la mémoire émerge, se réinvente. Je passe à travers le noir.

Un par un, nous sommes invités à entrer dans l'obscurité. Tunnel ou passage. Séparés, nous formons peu à peu une file. Un par un, nous allons devenir des voyageurs, des *psychocosmonautes*. La seule condition pour pouvoir faire la traversée est d'offrir quelque chose en gage. Un homme-flamme nous donne des instructions (avec d'autres mots, dans une autre langue) : « Prenez votre temps, vous pouvez faire des pauses à l'intérieur. » Nous pouvons nous arrêter à tout moment mais pas revenir en arrière : « Après la traversée vous commencerez une nouvelle vie. » Le *psychocosmonaute* doit faire le voyage seul. Nous sommes encore au seuil, à la lisière. Du passage nous devrions sortir transformés. Je suis la première à entrer.

Tout est noir, l'espace est irrégulier, le plafond bas. Je touche les parois. Je traverse l'obscurité. J'avance et je ne m'arrête pas. Je sors et je vois que ma vie est encore comme avant et qu'elle pourrait rester ainsi encore longtemps.

Je voudrais m'aventurer une nouvelle fois, je retourne. Cette fois-ci il n'y a plus personne. Je suis la dernière à vouloir passer.

Je reviens à la clairière. L'espace sous les voiles blanches – qui font de l'ombre, mais sans faire obstacle à la lumière – se remplit de plus en plus de voix, de gestes, de regards. C'est le territoire de démarcation de la guinguette, un espace provisoire installé dans le parc Duden à Bruxelles. Maintenant, il y a une file devant le bar. Ma tasse de café est vide et je termine mon verre d'eau. L'écriture semble impatiente, elle sort à grands flots. Devant moi gît le livre noir, un tunnel m'invitant à y entrer. Un passage pour arriver à une autre vie. Un espace opaque face à un espace clair.

Le tunnel mène vers un espace ouvert où quelqu'un a allumé un feu. Je le revois, il revient d'un voyage. En sortant du passage sans lumière, c'est la première personne que je rencontre. Lui, c'est ma vie d'avant. Je veux y retourner encore.

Je voulais que mon corps cesse d'être opaque. Opaque, comme les pages noires du livre, comme un corps qu'on a voulu contraindre par la peur. Je savais que le corps pouvait devenir fluide, perméable, offert à la lumière, que sa forme compacte et solide n'était qu'une des manières possibles de l'habiter. J'aspirais à me transformer en rivière, en écoulement. Être éclat, courant, vent. Pour sortir de l'opacité, faut-il pénétrer l'obscurité ?

Il se présentait comme un guide, un passeur, celui qui n'hésite pas et sait où et comment donner les bonnes instructions. Un illuminé que le feu a poussé à sauter dans le vide, mort dans un incendie criminel.

Le noir laisse des traces sur les pages blanches. J'écris à l'ancienne, l'écriture avance et je fais de pauses. Des arrêts, parfois longs, parfois très longs. Les pages noires freinent l'élan des pages blanches. Tant de noir dans un seul livre !

L'été est encore là, mais nous savons que ce sont les derniers jours d'insouciance.

Assise sur le banc – jambes croisées et ischions en contact avec le bois – je suis là depuis longtemps. L'ombre se laisse pénétrer par la lumière. Passage, clairière, ouverture, creux et espace vide. La clairière était le lieu choisi pour les sacrifices. La clarté ouvre un sentier sur la page, sur le livre, à travers les corps noirs, à travers le long tunnel. La

clairière est un espace possible d'apparition, d'émergence. Les mots du poète persan Sohrâb Sepehri
résonnent : « Écoute, le sentier appelle au loin tes
pas. » (« Nuit de la bonne solitude » du recueil
L'espace vert) Ma propre tête se reflète sur la page.
L'ombre de mon oreille et de mes cheveux décoif-
fés bouge sur les lettres.

Tout est noir, j'avance. Je m'arrête. Je m'assois. J'attends. Cette fois-ci, je prends le temps. Je
m'accommode de l'espace qui s'offre à mes pas. Je
marche très lentement. Je tâtonne dans le noir. Je
m'arrête de nouveau. Je m'assois. Dans le noir,
dans l'espace muet, ma main caresse l'obscurité.
Dans sa densité, elle rencontre une autre main.
L'une et l'autre se rapprochent, leurs surfaces se
palpent, s'écoutent, se respirent. Elles voyagent
l'une vers l'autre. Deux mains, dans l'obscurité, se
déversent et se vident. Tranquilles, elles expéri-
mentent d'infinies nuances tactiles. Une âme tout
entière va de l'une à l'autre. Et le temps attend et
les laisse seules dans le noir.

C'est là, à ce moment-là, que l'embryon de
ma nouvelle vie se forme, dans l'abandon, la perte,
dans la confiance totale et l'absence de peur.

Terrasse

Ce n'est plus une clairière mais une terrasse avec des plantes. Le soleil vient de glisser entre les toits des maisons. La nuit se dépose lentement sur les choses. C'est presque la solitude complète, interrompue par des voix et des odeurs plus ou moins éloignées – le rire d'un enfant suivi de celui de ses parents, l'odeur de viande sur la braise. Je suis assise à une table, j'ouvre le livre, je vois apparaître des lettres, des mots et des phrases aux corps minuscules. Je les parcours à l'aide d'une loupe.

Je suis dans le noir. Les odeurs s'accompagnent de bruits de couverts, de voix qui conversent. Je reste dans l'obscurité, dans l'entre-deux de ma terrasse – dehors-dedans, nuit-soir. Je sais que si je passe le seuil de la porte, l'écriture va changer, elle risque de s'interrompre, voire de disparaître. Il fait noir mais je résiste, j'hésite à quitter ce peu de dehors qui me reste.

Les corps continuent

Le tremblement qui agite le corps lorsqu'il danse me relie au trouble qu'ont pu éprouver d'autres corps au même moment, lors du même face-à-face avec d'autres humains, dans l'affrontement et la rencontre entre les corps qui s'offrent à la danse et les corps qui la regardent. Que sentaient-ils à ce moment ? Comment arrivaient-ils à maîtriser l'agitation ? Par quelles techniques maniaient-ils le frémissement ? Comment faisaient-ils pour devenir absents ?

La disparition est un élan. Le corps se dissémine, avance vers le dehors. Perméable, il absorbe et s'imprègne des présences qui l'entourent. Des gestes se dégage une chaleur qui se répand. La danse fait irruption dans les corps qui s'ouvrent à elle, qui la regardent. Elle les enveloppe. Une multitude de corps danse en moi et me peuple.

Hiver-Été

Une masse grise de froid couvre le ciel. La lumière renonce. Les corps vont vers l'hiver. Enveloppée par l'haleine des arbres, je respire la fin de l'automne, la lumière échappée des feuilles. Le corps avance, la forêt m'embrasse.

Je bascule entre l'avant et le maintenant, entre l'hiver et le printemps, face aux nuances de gris qui couvrent le ciel belge en équilibre entre l'orage et l'éclaircie. L'éclat des fleurs, les plantes vertes que le soleil et la pluie ont rendues généreuses, s'imposent au regard. Elles pourraient m'immobiliser et me garder ainsi – à cette table, assise dans cette chaise – des heures et des heures. Les portes fenêtres sont grandes ouvertes, la vie est bruyante dehors. La solitude ici n'est pas encore compacte. Le temps cherche à se dilater, à disparaître dans une extension qui échappe au rythme d'une vie organisée en horaires réguliers. Et soudain la vieillesse, les possibles raccourcis, la mort, une autre mort. C'est parce que je crois encore pouvoir y échapper que j'entreprends de dégager un peu d'insouciance et de bonheur de ces heures creuses, sans horizon.

Érosion

L'horizon est mis en évidence par l'oxydation qui coule sur les roches, par la lumière. Le mouvement de la terre est presque visible, le soleil semble se vider de tout son sang dans la mer. La sculpture de Chillida, *El peine del viento – Le Peigne du vent*, est un ensemble formé de trois figures accrochées aux parois des rochers. Les formes créées – comme les marques faites par d'autres humains à l'intérieur des grottes obscures – animent le monde minéral d'un imaginaire animal. Exposées aux vagues et au vent, elles deviennent des bêtes blessées dans la furie d'un combat qui se prolonge à l'infini. Un geste très ancien que l'artiste transforme en nouveau germe – donner forme à la fascination qu'exercent l'impétuosité des vagues et la force frénétique du vent. Immensité, puissance. Les roches résistent et s'abandonnent à l'assaut des flots que le sculpteur transfigure en un combat, une lente mise à mort. Des cornes ou des tenailles ou des défenses ou des tridents, les trois formes en fer ressortent de la pierre, pointent vers le vent. Vers l'horizon. Le torse des rochers se teint d'un rouge constamment renouvelé. Le fer se défait lentement. Il s'érode, comme les pierres, chacun suivant sa propre temporalité. L'exposition devient volontaire, tenace, obstinée ou humble. Geste d'offrande : se donner à l'immensité. Ces figures pourraient être aussi des antennes ouvertes sur l'océan, ses rumeurs, sa mémoire. Ou un instrument qui accueille les résonances, les vibrations du vent pour les transformer en son. Comment décrire ce son ? Un appel ? L'annonce d'un départ ? Le retour des bateaux ? Le chant lugubre des noyés ? Il n'y a pas de résistance mais une longue érosion. Ou un simple geste de douceur – peigner la chevelure du vent. Le vent échevelé plein de nœuds d'écume salée s'oxydant sur la pierre qui dure. Pour nous, une éternité.

Saisir sans retenir, le temps, le vent, avec des formes qui vibrent et accueillent, comme le corps lorsqu'il danse. Le corps sensible vers son dedans-dehors. Perméabilité qui le rend vulnérable et ferme, corps nourrit de la rencontre, corps situé dans le passage et la concentration de matières. Corps vivant vers la mort.

Ces formes incrustées dans les rochers sont là pour conjurer la puissance de la vague poussée par le vent, pour aider la pierre à retenir la chute de l'eau qui tombe vers la lune, pour les accompagner dans leur érosion. Deux surfaces dures qui se heurtent. Des chocs.

Aube

Le corps-battement se vide et se recompose
avec de nouveaux mots, avec de nouveaux projets,
avec de nouveaux efforts, en quête d'illusions. Le
corps qui écrit maintenant, est habité d'une chaleur
qui par vagues atteint et surprend les parties endor-
mies, au repos. Encore quelques heures avant
l'aube, pour trouver le désir. La lumière reprend
l'espace, rouge d'abord, puis couverte d'une densité grise. S'ouvrir, se déverser dans le mouvement
vers l'autre, est un geste de survie.

Dans l'obscurité

Il y a longtemps, j'avais trouvé dans une bibliothèque un poème en prose, écrit, je crois, par Emilia Pardo Bazán : « Dans l'obscurité ». Le texte, que j'avais photocopié, a été perdu dans un de mes déménagements. Je pense souvent à ce poème dont j'ai oublié les paroles, sauf le titre. L'impression qu'il avait laissée en moi reste très présente. Il décrivait une expérience à la première personne, la traversée mystérieuse d'une femme dans le noir. C'était une sorte de tunnel sans lumière. Elle entrait dans l'épaisseur de l'obscurité. Elle avançait très lentement.

Ses sens en éveil s'habituent peu à peu à l'absence de lumière. L'espace se rétrécit, à certains endroits elle doit se pencher. Elle avance dans le noir, s'arrête, s'assoit. Puis, elle reprend la marche à nouveau, plus calme et disponible. Ses mains tâtent l'espace, explorent les parois du tunnel, le plafond qui devient plus bas. Au bout du long passage, il y a une lueur.

Une lumière douce accompagne les derniers jours de l'automne. Le chemin de l'écriture me sort de la torpeur. Dans le bois, la lumière recouvre les arbres. Un cygne sans tête glisse dans l'eau. Des feuilles tombent encore, emportées par un vent doux et à peine perceptible. Le cygne sort la tête et la replonge à nouveau. J'avance rapide, les pieds dans la terre, la poitrine ouverte respirant à plein poumon. Mes pas sont décidés, tout mon corps est projeté vers l'avant.

Encore trois jours pour le solstice d'hiver, les nuits s'allongent, je les retiens. Assise, je sens le temps s'ouvrir devant moi.

L'érable

Je fais des actions désordonnées avec une intention de fuite désespérée. J'enchaîne des activités pendant que l'heure de midi arrive et coupe la journée en deux moitiés. J'accumule des livres à lire et d'innombrables tâches à faire. Sans ordre, par où commencer ? Je retrouve cet espace, la vue sur des feuilles mourantes, sur cette descente des jardins de ville vers l'hiver. Depuis que l'érable a été mortellement blessé, ses feuilles ne tombent pas mais se contractent, se replient sur elles-mêmes. Je n'ai plus ressenti l'exaltante émotion vécue les autres automnes en contemplant la beauté du cycle des saisons. De la même fenêtre, je vois le dépérissement, le retrait des feuilles qui, comme des doigts crispés, ne se répandent pas dans l'air. L'arbre se replie, il sent venir la mort. Il s'accroche avec toutes ses feuilles pour ne pas disparaître. Je voudrais me répandre. Je regarde autour de moi cette chambre que je n'occupe et n'habite que le soir. Toujours nomade, je continue à arriver et à repartir, à entreprendre, à m'engager pour ensuite devoir abandonner puis à m'investir à nouveau dans un autre projet. Je ne retrouve plus le lien entre toutes ces activités, ni leur continuité. Intranquillité. *Desasosiego*. Le livre de Pessoa que j'ai commencé à lire en portugais et dont la lecture est restée inachevée. En attente. Me disséminer au lieu de m'agripper. Devenue plus creuse, plus en arrière de moi-même, j'ai davantage d'espace pour voir, pour regarder. J'observe, comment me transformer ? Confuse maintenant, je ne vois pas par où me faufiler, par quels autres chemins je pourrais encore dévier.

Zoe

Un chœur de branches, mes bras vont vers toi. Recroquevillée à tes racines, je me penche. *Zoe*, vie qui se poursuit. Arbre, ouvre-moi à ta danse lente ! J'entre dans votre territoire, embrassée par vos voix silencieuses, arbres, sœurs lointaines ! Je marche doucement, mes pieds frôlent le sol sur vos racines, se fixent, attirés par tant de vie souterraine.

Les années défilent. Un nouveau commencement, la vie s'obstine et j'entretiens mon enthousiasme. Désirer et accumuler des vœux, des espoirs, des révoltes. Des projets qui émergent comme le font les plantes non semées dans la terre abandonnée. Ils apparaissent, presque sans moi, malgré moi, fruits d'une rencontre ou d'une révolte : élargir l'espace, se créer un lieu à soi.

Isis

Je recueille les voix disséminées, je les rassemble. Elles s'animent dans un corps qui prend forme pour se disperser à nouveau.

Une femme en hiver veut accueillir la lumière, voudrait retenir son empreinte chaude et légère sur sa peau. Ainsi, perdue, un jour passe encore. Ou il perdure, laissant une trace quelque part. Les restes qui subsistent. Les flammes d'un feu qui ne brûle pas. Une femme ne sait pas vers où conduire sa vie, ni comment. Rester, tracer, retourner ? Elle ne sait pas dans quelle direction aller maintenant.

Traces

Je retrouve des traces d'une vie en puissance, d'un passé à inventer. Le titre du spectacle de Claude Régy, *Carnet d'un disparu* de Leoš Janáček, est noté dans un cahier avec la date du 17 mai 2001, suivi d'un extrait du programme recopié à la main : « Dieu puissant, miséricordieux ! Avant de périr en ce monde de solitude donne-moi de connaître, donne-moi de ressentir. »

Pendant que j'écris, j'écoute la pièce de Janáček. Les paroles que j'avais notées sont chantées par une mezzo-soprano qui interprète le rôle de la Tsigane Zefka. Les mots s'adressent au jeune paysan Janik. Par son chant, elle veut l'attirer, briser les distances, le faire sortir de lui pour qu'il la suive.

Le déversement était ma manière de vivre et d'aimer, ma profession de foi. Dans le même petit cahier noir, le 21 juin 2001 sont écrits ces mots : « Défaire les traces, délier le passé, les nœuds du temps. »

À un certain moment, dans la pièce de Janáček, la voix de Zefka est accompagnée par un chœur de trois femmes. Leur chant, qui semble venir de loin, exerce un pouvoir incantatoire sur l'auditeur, comme les paroles de la Tsigane sur le jeune paysan. La prière, soutenue par le chœur, va vers Janik. Nous, qui l'écoutons, nous sommes aussi invités à la suivre, à abandonner la solitude pour pouvoir ressentir.

J'ai souvent plongé, sans retenue, sans m'épargner, dans ce qui m'était donné à ressentir, avide de me disperser dans la myriade de sensations qui m'étaient offertes. Je vis dans le calme maintenant. Les paroles viennent de très loin pour m'interpeller de nouveau.

Tenace

Le vivant se répand. Une nouvelle pousse reprend la vie, sans cesse. Des nouvelles voix surgissent, se condensent. La pierre est plus lente à fleurir. Avec ténacité, obstination, la vie persévère et éclate en élans.

Je laisse émerger des espaces de déploiement. Je me perds dans leur vide. À chaque mot je m'efface et je respire ma propre disparition. Dans cette plante-phrase il y a un parfum, une extension mesurée qui ne déborde pas. Ce n'est pas comme la végétation tenace qui engloutit les villes, ni la profusion de feuillages qui s'enracine dans les ruines pour se répandre rapidement au sol, sur les toits et les parois. Ici, les ramifications sont interrompues. Ce n'est pas un obstacle. Ce qui me contient peut me porter. Une vie encore s'en va, une autre émerge pleine, insignifiante.

Peur

Peur / peu / beaucoup. / La bouche rétrécie, quasi fermée pour prononcer « peur ». / Femme-peur / femme-colère / femme-tristesse. / Femme-peur-seule-colère enfouie / profondément dans mon corps mi-souple, mi-effacé / fuite-faillite / des ordres venus de voix autoritaires veulent nous mettre dehors / encore dehors / derrière les portes d'une possible vie meilleure. / Je suis dedans, dans ma tristesse, dans ma colère, dans mon corps pas impuissant. / Voix force viens / viens par les mots dans mon corps / viens courage, viens guerrière, apporte tes mots, ta force / viens transformer ma tristesse, donne-moi tes mots-germes, ton espérance, ton désir. / J'exige un lieu, il me faut une place d'où parler, avec d'autres voix, pas une voix-seule. / Je veux que ma voix reprenne, sans silence, je demande que mon corps, écrasé à ce moment par une douleur qui le tétanise, agisse. / Peur, peur / peur profonde, viens à la surface, montre-toi, que je puisse te regarder avec mes mots.

Retenir

Entre la grisaille et le temps dilaté du matin, je te retiens. Tu te laisses distraire et tu regardes deux tourterelles sur le toit du voisin, une corneille qui tente d'arracher une tige d'entre les briques du mur d'en face. Je suis perdue. La journée avance, se déplie, se déroule, implacable. La lumière ne change pas, ou à peine. Et pourtant, il y a une douceur qui s'installe. Tu es au chaud dans ton espace confortable. Je voudrais faire durer cet instant. J'aime l'apaisement que la lenteur procure, le calme éprouvé lorsque l'urgence est laissée en suspens. Vivre ainsi, hors du temps efficace, hors du désir, sans enthousiasme. Sentir le balancement des branches dans le corps, leur couleur insistante faite de lumière. Le tremblement léger de quelques fleurs qui persistent, la floraison des nouvelles orchidées. Il n'y a rien de plus important à faire que respirer jusqu'à l'arrivée de midi. Que rien ne soit entamé, que la journée ne commence ! Qu'il n'y ait pas d'échéances ni d'urgences, pas d'obligations ! Le cœur retenu par des couches de vêtements reste serein, protégé par la douceur. Je voudrais pouvoir mourir avec cette émotion, la satisfaction d'être vivante.

La lumière arrive, elle vient vers moi se dégageant lentement d'entre les nuages. Il pourrait s'agir d'une journée grise, mais je crois en la clarté qui s'annonce. Gagner du temps, aujourd'hui c'est une journée pour écrire, pour rester recueillie dans la chaleur du fauteuil, pour regarder les choses à nouveau, pour penser et éprouver les différentes densités du temps, pour m'acheminer doucement vers de nouveaux projets. Sans me presser, sans précipitation, en jouissant de chaque petit instant.

J'écris, je rassemble, je convoque. Confortablement confinée dans un grand appartement bien chauffé, avec de la nourriture en abondance, je poursuis un mouvement d'où émergent lentement des formes. Il y a même de la lumière ! Le soleil du mois de janvier est doux et fugace. Je pense à l'accomplissement d'une vie, aux processus qui traversent les corps qui périssent, à la danse. Je m'engage à disperser les traces, à ramener des fragments de mémoire vers des corps vivants.

Fin de la danse

Aujourd'hui, les archives de la danse de Cologne m'ont envoyé, à ma demande, la photocopie d'une partition musicale écrite à la main. Le titre est souligné tout en haut au milieu de la page – *5 LIEBE* – le chiffre est encadré. Plus bas, deux noms apparaissent. Les pages portent les numéros 10, 11, 12 et 13. C'est la pièce qui clôt le cycle *Affectos humanos* créé entre 1962 et 1964 par la chorégraphe allemande Dore Hoyer avec la musique de Dimitri Wiatowitsch. Le pianiste, percussionniste et compositeur a collaboré avec Hoyer pendant 30 ans. Encore plus bas, au centre de la page, quelques annotations, encadrées et écrites en allemand, signalent les instruments avec lesquels la pièce doit être jouée : *Klavier, Triangel, Gong ….* L'écriture soignée et minutieuse semble être surgie d'un trait vif. Les notes avancent claires et précises, remplissent la page, les pages. Pas d'erreurs, pas de corrections. Au dernier pentagramme, sur la dernière page, apparaissent ces mots : « *Schluss des Tanzes* », fin de la danse.

L'Amérique du Nord et l'Amérique du Sud ont réservé à Dore Hoyer un accueil fort différent. Au Nord, invitée par Mary Wigman en 1957 dans le

Connecticut, ses compositions sont jugées « trop sentimentales ». Au Sud, à la Plata – où elle crée une troupe – chaque soir deux mille spectateurs l'applaudissent et l'acclament. De son côté, la chorégraphe allemande considère « inexpressifs, frénétiques et impersonnels » les danseurs nord-américains. De retour dans son pays, Hoyer ne retrouve plus son audience habituelle. Le public sensible et réceptif à sa danse semble avoir disparu. De l'Amérique latine elle ramène un poison. Avait-elle déjà l'intention de se donner la mort ? Avait-elle peur que le public allemand des années 1960 considère également ses danses « trop sentimentales » ? Quatre jours après son cinquante-sixième anniversaire elle danse une dernière fois à Berlin. Deux semaines plus tard, le 31 décembre 1967, elle se suicide en avalant le poison. « *Schluss des Tanzes* ».

Et Wiatowitsch, qu'est-il devenu ? Ses compositions n'ont jamais été éditées, elles sont restées fidèlement attachées au travail de la chorégraphe décédée. Le documentaire *Dore Hoyer Tanz : Afectos humanos*, réalisé par Rudolf Kufner en 1962, a donné une large diffusion à la rencontre entre la danse de Hoyer et la musique de Wiatowitsch. Il a également incité plusieurs générations de chorégraphes à prolonger la vie de ce cycle de danses : Susanne Linke, Arila Siegert, Martin Nachbar, Nils Freyer, Paola Pi, etc.

Les enveloppes

Il y a quelques jours, j'ai trouvé sur le trottoir une branche coupée couverte de bourgeons. Je l'ai mise dans un vase avec un peu d'eau. Après deux semaines, les bourgeons ont commencé à éclore. Face à moi, des fragments de corps affleurent. Les enveloppes s'ouvrent, sont repoussées vers le haut, se dessèchent ; puis, elles deviennent rigides, se décollent et tombent. Leur chute laisse apparaître un corps nu d'une couleur rose violacée, comme celle du sang se concentrant à la surface de la peau. Le premier bouton floral, dépouillé de sa couche protectrice, émerge. Je crois que c'est un magnolia. Les pétales serrés se dressent et pointent vers la lumière. L'arbre, sans terre, poursuit son mouvement d'expansion à travers la branche coupée. Nourri d'eau et de lumière, il continue à croître, va vers le printemps. De minuscules appendices sortent de la partie de la branche en contact avec l'eau, probablement pour absorber les sels minéraux. Une à une, les fleurs s'épanouissent. L'arbre appartient à une famille primitive qui poursuit son existence depuis quatre-vingt-quinze millions d'années. Des bourgeons plus grands cohabitent avec d'autres plus petits, chacun à un stade différent de développement. Ils s'ouvrent et se déplient sans cesse dans une lente éclosion. Il semble y avoir une urgence dans ce mouvement qui se transmet de l'arbre à la branche, de la branche aux bourgeons, des bourgeons à la fleur. Ensemble, en chœur, ils dansent, la poursuite tenace et constante de la vie, sans interruption.

Un espace à l'intérieur d'un autre

Rosa Luxemburg entretient un petit jardin dans la prison de Wronke. Malgré l'enfermement, sa capacité à s'émerveiller et sa fascination pour le vivant semblent s'agrandir. Elle lit des ouvrages de botanique, de zoologie. Elle se préoccupe de la disparition « silencieuse, irrémédiable » des oiseaux chanteurs qu'elle nomme « ces petites créatures sans défense ». Sa grande sensibilité envers la vie non humaine lui fait écrire ces mots à son amie Sophie Liebknecht :

> J'ai souvent l'impression de ne pas être vraiment un être humain, mais un oiseau ou un autre animal qui a pris forme humaine. Au fond, je me sens plus chez moi dans un bout de jardin, comme ici, ou à la campagne, couchée dans l'herbe au milieu des bourdons, que dans un congrès du parti.

Dans son « bout de jardin » les plantes poussent et l'entraînent à partager leur élan de vie, leur obstination. Même immobilisé, le corps fabrique des bouches minuscules, des mots qui respirent et transportent la nourriture nécessaire pour entretenir la force de se déplier, de poursuivre. Elle écrit de Breslau, mi-décembre 1917 :

Me voici couchée dans une cellule obscure, sur un matelas dur comme la pierre, autour de moi la prison est plongée dans un silence de mort, on se croirait au fond d'un sépulcre.

Elle se déplace à l'intérieur de son corps qui, immobile, se dilate :

Je suis étendue là, seule, livrée à l'obscurité, à l'ennui, à l'hiver et, malgré tout, une joie étrange, inconcevable, fait battre mon cœur, comme si je marchais dans une prairie en fleurs sous un soleil éclatant.

Dans cet état d'abandon, le contact qu'elle établit avec son corps contraint, lui offre un appui pour se relier au monde. La militante incarcérée écrit à sa chère amie Sonitschka :

C'est ainsi que, de ma cellule, je suis liée par des fils invisibles à des milliers de créatures, grandes et petites, que je m'inquiète, que je souffre, que je me fais des reproches pour tout ce qui leur arrive.

La femme révolutionnaire se bat pour les fruits futurs, convaincue que la vie peut et doit être meilleure. Elle a le courage et la force de s'engager dans la vie, dans la lutte. Le 15 janvier 1919, elle sera assassinée à Berlin.

Un espace est créé au cœur d'un autre espace. Une cavité ouverte à d'autres possibles, une place pour une réalité plus large. Un espace protecteur où trouver des forces, des nutriments.

Neige et lumière

Devant moi les rameaux de magnolia se déploient, sortent du vase, inondés de lumière. Des ombres bougent et les traversent. Dehors, les plantes agitées par le vent font obstacle aux rayons de soleil qui réchauffent la terrasse encore couverte de neige. Mon dos accueille et retient la chaleur. C'est l'heure de midi, le milieu de la journée, la moitié de l'hiver. Ma vie a déjà basculé de l'autre côté. Une lente et douce descente. Autour de quelques pétales se forme un contour brunâtre. Pendant que des boutons s'ouvrent, des fleurs se fanent. Celles déjà écloses deviennent blanches. De leur centre, sur le réceptacle, pointent des étamines et des carpelles qui s'offrent aux pollinisateurs absents. Leur floraison n'a lieu qu'après quinze années de vie. La lumière s'amplifie avec la neige. Une couche blanche, très fine, se dépose sur les plantes, les arbres, les toits et les pierres. Perdure. Le ciel est dégagé. Le soleil, visible et sans entraves, traverse la baie vitrée.

De l'eau et de la glace

Au bord du petit lac, l'eau s'est durcie, le froid l'a transformée en glace. À certains endroits, sous les longues branches qui se penchent et touchent presque la surface froide, ressortent, plus clairs, des cristaux de neige. Emportés par le vent, ils forment maintenant sur l'eau glacée de fines rayures blanches. Au milieu, l'eau est encore fluide et bouge au contact du vent. Je marche. Je m'arrête. J'attends. Je me remets en mouvement très lentement, mes pas se posent délicatement sur la neige glissante. Je m'arrête. J'avance. L'immobilité me gagne, puis, je suis poussée de nouveau par l'émerveillement. Dans mon corps la danse stagne. L'écriture est portée par le mouvement.

Brume

La brume abolit la lumière. L'hiver rend plus perméable la frontière entre ce qui est mort et ce qui est vivant. Les feuilles se confondent avec les nuages. L'eau retenue, sans mouvement, sommeille dans le silence. Le brouillard enveloppe tous les êtres d'une même absence. Une vie est en latence. C'est le temps de relier et de rassembler les fragments. Les présences deviennent confuses, leurs contours s'estompent. La forêt respire plus lentement. Les silhouettes évanouies épousent un corps plus large. Se disperser à nouveau, affirmer son appartenance à une multitude de corps.

Interrompue

Après la chute des pétales un autre processus commence : la transformation de la fleur en fruit. À ce moment, le fruit futur est à découvert, exposé, ouvert au vent et aux insectes. Avec de l'eau et de la lumière comme seules nourritures, jusqu'à quand la branche coupée va-t-elle pouvoir survivre et poursuivre son développement ? À quel moment sa croissance va-t-elle être interrompue ?

Pour se relier à l'air, à l'eau, à la terre qui manque, des extensions poussent aux extrémités. Les prolongations élargissent le corps, prennent la forme de ramifications, de racines, d'embrassades. Mon corps interrompu ne parvient pas à atteindre les autres corps. Il est immobilisé, sans possibilité de croissance.

Prendre son

La partition de Wiatowitsch, *Liebe,* sort du silence. Nathalie Alessi l'explore et déchiffre au piano. Ses doigts cherchent les touches du clavier. Les sons émergent. Une à une les notes vibrent. La musique délicate de Wiatowitsch oscille et résonne dans la salle de répétition. La pièce commence par une gamme pentatonique – huit notes se succèdent à des intervalles réguliers et montent vers les aigus. Elles conduisent à un accord (la, ré) suivi d'un long silence, le temps d'entendre la résonance. L'accord de deux notes se répète à plusieurs reprises. Il structure la pièce et sert d'articulation entre ses différentes parties. La mélodie joue, comme la danse, avec « les distances ». Les notes se rapprochent les unes des autres et puis s'éloignent. Dans les années 1960, le sérialisme, l'atonalisme et la musique aléatoire étaient pour certaines figures – comme Pierre Boulez – « l'état actuel de la pensée musicale ». Wiatowitsch n'adhère pas à l'atonalisme, sa musique – comme la danse de Hoyer – ne suit pas les doctrines esthétiques « d'actualité », pratiquées et théorisées par l'élite savante occidentale de l'époque. L'organisation des accords dans *Liebe* obéit à une harmonie modale. La pièce se structure en deux parties mélodiques – une qui ouvre la pièce et

une deuxième qui la ferme – au milieu desquelles il
y a une partie plus rythmique. Wiatowitsch semble
avoir composé la musique en s'appuyant sur sa
pratique de pianiste et percussionniste. Je l'imagine
composer en travaillant en studio avec Hoyer, laissant surgir la musique de la rencontre, du projet
artistique commun. La modalité donne à la pièce
une atmosphère très particulière, elle convoque
l'Orient (l'Inde) et la musique arabo-andalouse.
Mon corps, appuyé sur les genoux, glisse. Les
mouvements sont dirigés par les hanches, se pro-
longent dans les bras, dans les mains et les doigts
qui s'allongent en douceur.

Liebe

Le corps est en état d'amour lorsqu'il danse – il s'ouvre, se dilate, devient perméable. La vie sort de lui et le pénètre. Dans cette ouverture amoureuse, il établit des alliances avec le sol, avec l'air, avec les ondes sonores, avec les autres présences, même celles encore à venir. Le mouvement apprend à être modelé, à épouser des formes, à les dépasser. La construction chorégraphique donne des balises au corps qui devient docile et se soumet, peu à peu, aux formes qui s'affirment. Il faut composer pour contenir l'intensité de la vie, pour guider les émotions qui s'éveillent, toujours prêtes aux débordements. Je glisse, comme submergée, je flotte. L'ouverture est progressive. Un échange très subtil s'établit entre forme et improvisation, entre calme et émotion, tension et détente. La danse est un art miraculeux, sa matière est l'énergie vitale. Il la modèle, la transmet, l'engendre.

Je traverse mes cinq danses : *Envol*, *Horizontal-vertical*, *Lamentations*, *Vagues* et la toute nouvelle *Danser les distances* en hommage à *Liebe*.

Le visage résiste. Il a tendance à retenir les tensions. Il ne se laisse pas dompter facilement ni ignorer, il focalise l'attention et fait obstacle à la danse. Pour lui redonner du mouvement, j'explore plusieurs techniques : pousser encore plus loin son expressivité, le rendre mobile, changeant, perméable ; me situer derrière lui, comme si je portais un masque avec un autre visage.

À travers cette « danse des distances », je cherche une réconciliation. C'est un duo pour deux mains. Deux mains amoureuses et un corps que les accompagne dans leurs déplacements, ébats, séparations. Je me réconcilie avec la sensualité. Une grande partie de la danse savante occidentale a été bâtie en cherchant à étouffer tout élan érotique. Et pourtant, comment nier l'effusion d'affects, l'excitation des sens et l'état d'exaltation, mélange de désir et de crainte, qui s'emparent du corps dansant, qui dirigent et guident ses mouvements ? En devenant danseuse contemporaine, on apprend à maîtriser les pulsions, à les diriger et les contenir dans les limites de la chorégraphie, ce qui n'est jamais acquis. C'est l'un des plus grands défis que je retrouve quand je danse. Le corps se débat et tremble, il ne se laisse pas facilement dompter. Délice et douleur. Envie de pleurer et joie. La danse soumet le corps à l'état amoureux, l'altère, le rend euphorique, lui fait éprouver la plénitude.

Le vent secoue la toiture. Il pousse les gouttes de pluie contre les vitres. Il est sept heures du matin. Dans une semaine l'équinoxe marquera le début du printemps. Le printemps de mes cinquante-six ans. L'amour est une danse, une danse d'offrande. Danser est une lutte et un plaisir.

Elle se défait, modèle son corps pour qu'il soit suffisamment fluide, compact, léger. Danser l'amène très loin et elle aime se perdre, sans abandonner le chemin chorégraphique. Elle ne veut pas comprendre comment il est possible d'éprouver une telle perte de soi tout en gardant la maîtrise de ses moindres gestes. Elle voudrait dédier sa danse d'amour aux danseuses et danseurs qui l'encouragent par leur persévérance et leur engagement.

Archives et plantes

Je dois faire la distinction entre ce qui est mort et ce qui est encore vivant. Le poids du passé m'écrase momentanément. Peu à peu je fais le tri, je sépare ce que je veux ramener dans le présent et ce que je laisse dans l'oubli. Je reviens en arrière régulièrement, comme si avec l'âge, le vécu accumulé résistait fermement à être mis de côté. Je le prends, je coupe ses feuilles sèches, je le taille, je lui donne de l'engrais. D'une part, un énorme sac rempli de déchets et d'autre part, quelques ouvertures par où la vie pourrait reprendre, même très lentement. La distance, tant crainte que désirée, m'offre la possibilité de multiplier les approches, les points de vue. Par où commencer ?

Il y a des plantes qui n'ont pas réussi à traverser l'hiver. Un énorme yucca qui avait survécu à plusieurs gels, ainsi qu'à des nombreuses négligences, a perdu la vie. Ou plutôt, il a perdu une partie de la vie qu'il contenait, car il n'est pas complètement mort. La végétation ne meurt jamais. Je l'ai taillé. D'abord feuille par feuille, puis je lui ai enlevé les parties abîmées à l'aide d'un couteau. Finalement, avec une scie, j'ai enlevé des morceaux de son tronc. Du grand yucca il ne reste aujourd'hui que des moignons. Il y avait encore deux arbres en souffrance : un laurier et un olivier. Lorsqu'on les met dans l'espace restreint de leurs pots, ces êtres vivants, qui portent en eux l'éternité, deviennent dépendants de notre attention pour survivre. Les plantes et les arbres de ma terrasse vieillissent avec moi. Ils se font attaquer par des parasites, n'ont pas assez de forces pour combattre, puis ils reverdissent et fleurissent dignement.

La vie déborde

Combien de temps faudra-t-il à la végétation pour récupérer l'espace qui lui a été enlevé ? Les branches repoussent les limites construites – parois, toitures. L'édifice déshabité palpite d'une nouvelle vie. Ma propre maison un jour sera reprise par les branches.

Le corps est fait pour marcher dans le vent à travers l'épaisseur du feuillage, dont la densité, d'un vert lumineux, cache le ciel. Tête en arrière, mon regard embrasse branches et nuages. Mes pieds trottinent, mon torse et mes bras s'envolent. Le souffle du printemps nous relie.

D'une tout autre consistance, les mots viennent, se développent. Ils s'étendent et peuplent les feuilles virtuelles, le papier futur, l'espace des rencontres à venir, en attente.

Aux pieds des arbres se propage le grouillement incessant des herbes, des mousses, des fougères. Entre l'obscur des racines et la lumière, des relations étroites se nouent, une circulation prolifère à travers les tiges, les feuilles, les toutes premières fleurs. Printemps ! L'émerveillement intact, le corps jeté au vent, heureux, vivant.

Enraciner

J'habite dans cette ville depuis très longtemps, par couches successives, par errances, dans différentes époques et quartiers. La ville reste imperméable. Elle ne se laisse pas enraciner. La journée est grise, une journée d'été humide et sans soleil. Mon cœur est partagé : fuir ou m'installer ? Rester et partir. De brefs moments d'enthousiasme, des idées de fuite, puis le doute. En attendant la décision, je mets ma vie en pause et je trouve du réconfort dans un livre. Chaque fin d'été, je recommence, je remets ma vie entière en question. Quand la chaleur quitte la ville, quand les nuits s'allongent, je sens l'appel de la fuite, le désir de quitter la maison presque vide, d'abandonner les rues devenues solitaires. Des mots, dans la grisaille changeante, forment des petits sentiers qui me conduisent vers là où ça palpite. L'écriture entraîne le désir. L'éclosion par battements infimes, l'expansion presque imperceptible. La danse ne connaît pas l'immobilité. Par quelles minuscules racines, par quelles premières feuilles pourrait commencer une vie nouvelle ?

La main ouvre le chemin. La main qui écrit, la main qui touche, la main qui explore et respire.

Tout est frisson, le moindre frôlement m'arrache de mon corps illusoirement compact. Je vais à la rencontre, très lentement, en faisant beaucoup de haltes. La proximité d'un autre corps, le plus infime contact soulève un flot de sensations qui me noient. Affectée par une sensibilité exacerbée, tout en moi se dilate, devient liquide, flottant. Mon être se dissout.

La danse, endormie en moi, est prête à émerger de la torpeur des muscles, des affects et émotions sommairement domptés. Je la conjure pour qu'elle sorte, pour qu'elle trouve la voie hors de moi vers d'autres corps, vers d'autres danses. Afin de laisser place à son pouvoir, j'ai voulu me rendre perméable, effacer mon histoire personnelle, devenir le véhicule de forces anciennes et des énergies profondes de la vie. L'entraînement n'est qu'un moyen d'alléger la densité du corps, de l'aider à effacer ses contours, momentanément. La mémoire dialogue avec la danseuse.

Vers l'obscur

Je m'approche de l'obscur. J'épouse l'espace dense. Je perds peu à peu ma consistance. L'opacité s'atténue et laisse place au mouvement. Par vagues successives, parfois très intenses, une multitude de sensations anéantit l'épaisseur du corps. L'être s'élargit, s'échappe à travers les failles ouvertes. L'extension est prodigieuse. Le corps ferme et solide devient un assemblage dynamique de particules. Je desserre et je lâche ma dernière attache. La limite explose. L'enveloppe charnelle – frontière qui me sépare et protège – éclate. Je me déplace en dehors de moi. Je perce l'ombre de l'amour, j'entrevois sa clarté, jouissance suprême !

Songe

L'épaisseur d'un songe m'enveloppe. Je traîne derrière lui. Sa trace me poursuit, voilée, diffuse. Je me suis réveillée à l'aube avec l'écho de plusieurs rêves entremêlés. Leur souvenir imprécis se dérobe. J'avance dans le bois, je respire sa fraîcheur. Les rêves, comme des voix lointaines, m'appellent. Peut-être ce sont mes pas qui les convoquent. Je marche et je m'arrête pour écrire. Les branches, avec leur feuillage abondant, sont tellement présentes ! Je traîne ma torpeur parmi cette exubérante concentration de vie. Mes pas sont lents, irréguliers. Je m'arrête. Je ne quitte plus mon cahier ni le crayon pour qu'ils soient prêts à saisir l'élan des mots. J'avance penchée parmi les ombres tranquilles des arbres. Mon regard se fixe maintenant sur les racines qui ressortent de la terre. Puis j'accélère, le visage tourné vers le soleil. Les troncs, à la hauteur des yeux, délimitent le sentier. J'entends le bruit de mes chaussures sur les graviers, le craquement des branches que je brise, l'envol rapide d'un oiseau. Je respire profondément, la joie m'inonde. Je voudrais m'asseoir mais les mots, viendraient-ils encore à ma rencontre ? Tout est si paisible. La vie est parfaite.

Maisons

J'ai vécu mes premières années à Bruxelles dans un nomadisme exacerbé, ma valise prête pour tout éventuel déplacement. Je logeais quelques jours ici, puis une semaine ou deux ailleurs. Je me déplaçais constamment, accueillie chez les uns et les autres, des proches des membres de la compagnie de danse dans laquelle je travaillais. C'était très perturbant. Je ne connaissais pas la ville, ni ses différents quartiers. Après trois années sans domicile fixe, j'ai pris la décision de rester à Bruxelles et de vivre avec mon compagnon. Nous étions amoureux et nous avons loué un appartement au 78 Avenue Besme, à Forest. C'était ma première expérience de cohabitation avec un homme. Nous nous sommes quittés après trois ans et je suis restée dans l'appartement. C'était au premier étage d'une belle maison bruxelloise, avec les habituelles trois pièces en enfilade. Dans celle du fond se trouvait la chambre. Elle avait des grandes portes-fenêtres qui donnaient sur un balcon avec vue sur un petit jardin. La pièce du milieu, la plus sombre, servait de salle à manger, là se trouvait un vieux convecteur à gaz, seule source de chaleur pour tout l'appartement. La plus lumineuse était la pièce du côté rue, le salon, avec des grandes fenêtres dont les rebords étaient couverts de plantes. La cuisine, la salle de bains et la toilette étaient minuscules, toutes les trois aussi en enfilade. J'ai habité quinze ans dans cet appartement, entre 1989 et 2003. C'était la première fois que je restais si longtemps dans un même espace. J'étais soulagée de partir, heureuse de pouvoir mettre fin à cette longue période de ma vie. Avec le temps, la maison peut devenir une prison.

Se heurter

Comment m'arrêter si je suis emportée par le flot des mots que les émotions charrient et entraînent ? Pourquoi me forcer au silence ? Parfois la bienveillance exige une sorte de soumission, une souplesse extrême. Les rapports entre humains ne sont pas toujours sereins. Les certitudes, les croyances peuvent nous rendre rigides. Je suis agitée. Mon cœur est trouble. Ce lieu que je crée, que j'habite et que je partage est mon être, hors de tout contrôle, libre, sauvage.

Hier

C'était à peine hier. Dans les bois, les cimes encore vertes s'entre-touchaient, la lumière abondante glissait entre les ramures et les feuillages. Je marchais heureuse, mes poumons accueillaient le souffle réparateur des arbres. Remplie de vie, je faisais une halte pour savourer un café pendant que le soleil me picorait le visage. C'était hier.

Aujourd'hui il pleut. Recroquevillée dans la mansarde je me protège de l'automne, de la pluie, de la grisaille. Je n'avais pas hésité, tôt le matin, j'avais couru pour plonger dans les chemins de terre, complètement entourée par la végétation encore très dense malgré l'automne. J'étais sûre. Aucune inquiétude ni tristesse ne pouvaient s'interposer entre mon cœur et la forêt. Ma présence tout entière s'abandonnait à la vie.

Aujourd'hui, il pleut. Encore entre les draps, je ne suis pas prête à affronter le jour. Le matin est déjà entamé mais le sommeil me garde prisonnière. Je pourrais encore rêver. La forêt sous la pluie reste indifférente aux pas qui ne frôlent pas ses chemins, aux pieds restés au chaud sous les couvertures. La terre absorbe l'eau de la pluie, devient boueuse.

Les feuilles sèches sont maintenant mouillées, les vertes humides. Les tables et les chaises de la guinguette sont vides, probablement rangées à l'abri de la pluie.

Aujourd'hui

Mes joues retiennent encore le bonheur de la lumière. Une matinée sans occupations précises. Je pars en promenade. Je suis dans la forêt, accueillie par la respiration délicate des arbres. Entre nos corps nos souffles circulent, s'échangent. Extension amoureuse, alliance qui se renouvelle. Je me vide. Je deviens un arbre qui boit le temps. Mes feuilles frémissent et tombent. Je me dépouille. Je me défais. La forêt attend. Je recommence, reliée, heureuse.

Après l'envol la plongée

Après l'envol, la plongée. Je reprends les gestes des *Danses en dormance* qui ne sont plus dansées. Je commençais par l'envol. Le mouvement débutait dans les parties du corps qui jadis – on me corrige pour que je prononce le s final – étaient prolongées par des ailes : les omoplates. Nathalie Alessi jouait au piano une pièce de Ravel, « Oiseaux tristes ». Les bras, les poignets et les doigts de l'oiseau repoussaient l'air. La chorégraphie avait pris corps entre deux livres. Elle fut dansée entre deux confinements pour un public très limité de professionnels. Ma pratique est maintenant mise de côté. Le cycle se terminait par une danse au sol, *Danser les distances*, rattachée à la tradition des danses qui glissent et se traînent. C'était la troisième fois que je créais une danse du serpent. La première, je l'ai dansée à dix-sept ans dans le cadre d'une audition. J'avais trente ans lorsque j'ai dansé la deuxième, elle faisait partie de la pièce *L'Œil de la nuit*. La plus récente, je l'ai créée à l'âge qu'avait Dore Hoyer lorsqu'elle est morte, à cinquante-six ans. Pour descendre encore plus bas je m'engage, avec l'écriture, dans une danse souterraine.

Toitures

À gauche, je vois les toitures mouillées, rouges
et grises ; à ma droite, les feuilles et les branches. Je
suis au milieu, traversée par des formes inertes et
par la végétation domptée qui anime la terrasse. Au
milieu, entre une enfance en exil, une jeunesse
réparatrice et une vieillesse qui s'annonce à l'horizon. Entre une langue d'accueil, à laquelle je serai
toujours étrangère, et une langue maternelle loin-
taine. Au milieu. Entre la danse, la joie du mouvement et la sérénité de l'écriture. Au milieu. Entre
l'enthousiasme et le désenchantement. Les élans
sont devenus insuffisants, trop courts pour faire le
saut nécessaire, pour m'arracher, pour donner un
tournant à ma vie. À ma droite, le vent agite les
plantes et les arbres ; à ma gauche, seuls les nuages
bougent. Au milieu, j'écris.

Surface

Je suis surface à peine frôlée, écorce. Couche
fine à la dérive, instable. Mon âme est un radeau
qui glisse et se heurte. L'écriture jaillit de mes bouches ouvertes, elle se répand, rapide puis lente, très
lente. Elle avance et entraîne par son sillon des
pages entières. Les voix prennent feu, deviennent
corps, lettre. Tout brûle et s'effondre à leur passage.
Reste une poussière fertile, un texte-cendres.
Mémoire ardente d'une lave refroidie, saisie pré-
caire de sa coulée incandescente.

Un collage de Boris Rebetez

Il y a devant moi un paysage. Des fragments d'images découpées, puis collées, créent un espace ouvert où mon regard se déplace. Le bleu et le vert, presque en équilibre, sont dominants. Une forêt de sapins s'élance vers la verticale. Une route traverse en diagonale et se perd. En haut, par une découpe horizontale, apparaissent des cimes d'arbres séparés de leurs troncs. Entre les sapins et la route, il y a un espace en forme de triangle. Une maison s'appuie contre sa base, ses murs touchent la limite droite du cadre. L'édifice, sous les arbres, est entouré de roches. La route bleue avance de droite à gauche et s'arrête soudainement au milieu d'un paysage. Une bande horizontale, d'à peine un centimètre et demi d'épaisseur, sépare le bleu du vert. Une végétation abondante mêlée à des pierres est contenue entre ses bords, le tout d'un vert plus foncé que celui des arbres. Les pierres touchent les roches grisâtres qui entourent la maison inhabitée. Un morceau de ciel est visible au-dessus des arbres. Le regard accueille le paysage. C'est un espace serein et inquiétant. J'accepte l'image invraisemblable. Mon regard se repose puis se remet en mouvement, agité et troublé par tant de parcours inépuisables.

Rouge

Les marronniers inaugurent l'automne. Le rouge des feuilles se confond avec le soleil qui tombe. Flamme devenue visible, feu qui fait surface et ne cesse de se mouvoir sous mes pieds.

Mineure

Je suis une danseuse-écrivaine mineure, de petite taille, un mètre cinquante-cinq et cinquante-six ans. Je vais vers les mots qui font durer la sensation et l'explorent. L'émotion prend forme, s'approfondit, s'allonge. Je plonge dans l'instant, sa profondeur ne m'effraie pas. J'aspire la vie, je m'abandonne à l'intensité qui m'envahit. Je creuse et je laisse le temps me conduire. Les failles m'attirent. Les mots suspendent l'agitation, avec eux je fouille et je me laisse saisir par les élans qui surgissent. Je suis une poétesse qui n'a pas suffisamment de courage pour m'engager plus dans l'écriture, pour m'engouffrer dans les zones obscures où n'arrivent plus les mots. Je découvre le monde en compagnie des arbres, mais eux m'ignorent.

« On se détache peu à peu »

Il y a de la douceur lorsqu'on se détache peu à peu, comme si une couche mobile de notre cœur nous quittait et s'éloignait lentement, à un rythme presque imperceptible. La lenteur évite la douleur, épargne les souffrances. C'est l'envers de l'arrachement. Les paysages, le climat, les odeurs et les saveurs d'un lieu perdu restent encore absents. Nostalgie et désir, retrouver des espaces que je rêve intacts, des lieux où des émotions profondes ont pris ancrage. Comment se développer pleinement lorsque manquent l'épaisseur et la consistance nécessaires ?

Constamment le mouvement continue. Chaque chose inerte ou vivante, chaque relation – chacune avec un rythme différent – s'échappe. Liens, émotions, affects, mémoire, vigueur, changent et s'éloignent. La danse épouse le mouvement et l'écriture cherche maintenant la danse. Elle ne veut pas saisir mais se laisser emporter par le courant incessant, entrer dans les vagues, être poussée par le vent. Les mots-danse s'écoulent. Je voudrais partager le déversement, la perte toujours imminente.

« Still Standing »

J'avançais sereine, inquiète. Il me fallait déchiffrer un mystère, ma vie. Maintenant, je suis assise sur une chaise, incapable d'aller plus loin, même pas à la salle de bains pour prendre une douche. Que sommes-nous devenus, nous les artistes ? Après le confinement, les restrictions, les petites manifestations et révoltes, sommes-nous encore debout ? Je suis assise et mes déplacements ressemblent à ceux du temps du confinement. Les restrictions ont été peu à peu levées mais je suis toujours inactive, sans perspectives. Après une création interrompue, puis reportée et finalement montrée à un public très restreint de professionnels. Après avoir perdu un emploi qui m'enthousiasmait. Après avoir fait le deuil d'une longue amitié. Après les tensions familiales déclenchées par la maladie et puis la guérison de ma mère. Je suis toujours assise. J'écris. Je me promène. Je reporte mes obligations, mes devoirs. Je me trouve des justifications et je laisse pour demain ce que je devrais faire aujourd'hui. Je cherche un sens, une direction. Je suis désorientée. Il n'y a que la création qui répond au constat du poète : *Caminante no hay camino se hace camino al andar.* Je suis encore assise, j'écris, je ne marche pas. Cela ne m'empêche pas de goûter le soleil sur le visage, de jouir de la lumière de l'automne si tenace, ni d'assister à l'effeuillement progressif du petit érable qui grandit sur la terrasse. Et alors ? Jusqu'à quand ? Ce mois-ci j'aurai cinquante-sept ans. J'ai encore dix ans de travail actif avant l'âge légal de la retraite. Serai-je encore debout ? Serons-nous encore debout, nous les artistes ? Je pense à la pièce de Tadeus Kantor créée en 1985 : *Qu'ils crèvent les artistes !* Je ne résisterai pas longtemps à l'appel de la lumière, la forêt m'attend. Ces liens me sont précieux, indispensables. Loisir ou survie ? Ce n'est pas un dilemme entre deux noms, *Loisir et Survie e*st la définition de l'art qu'Anne Veronica Janssens exprime dans une œuvre dont le souvenir me poursuit. Et si on arrête ? *Qu'ils crèvent les artistes !* Voilà, me voici éparpillée entre les framents, îles connectées par un même magma. La lave avance, engloutit, détruit et fertilise. Elle embrasse tout sur son passage brûlant. Sa puissance destructive et créatrice me fascine. Je dois relire l'article de Carl Gustav Jung à propos de l'*Ulysse* de James Joyce « La destruction créatrice ». Le verbe jaillit comme le sang. Et aussitôt vient le nuage. J'ai dû retrouver quelque part cet élan, cette urgence. Une voix qui se veut neutre résume en quelques phrases la pièce complexe de Kantor : « ronde des fantômes de sa mémoire », « résistance des saltimbanques hissés sur les barricades ». Elle me demande au téléphone : « Alors, que fais-tu d'intéressant ? » J'aurais pu répondre : je survis. Je réponds : tout ce que je fais est intéressant, la moindre action, le moindre geste, la moindre pensée. La respiration profonde au milieu des arbres, les instants retenus, les lectures passionnées, les échanges au téléphone avec mes amies, les promenades, les longs moments de solitude, le silence, l'absence de perspective, de projets, l'incapacité à engager des actions efficaces, à entreprendre, tout cela est très intéressant. Je ne perds pas mon calme, je suis en attente. *Still standing ?* Je me vois danser dans les vidéos enregistrées en mars dernier, complètement engagée, présente, vibrante. À l'extérieur, derrière les grandes fenêtres, il y a une affiche très présente, où l'on peut lire en lettres capitales : STILL STANDING. Maintenant il pleut, je vais reprendre un café.

Fin d'après-midi

L'obscurité devient dense, épaisse. Elle s'enfonce peu à peu dans l'espace entre les branches. Je marche. Je disparais. Il ne reste de moi que les pas frôlant la surface, le craquement des feuilles, le silence.

Automne

Au sol gît ce qui était en haut. La lumière se déplace sans obstacles. Tout tombe et tremble. Un cygne ouvre ses ailes blanches et traverse l'étang.

Archives

Je fouille dans mes vieilles boîtes. Parmi les papiers je trouve le programme de *Tournejour* écrit à la main par Barbara Manzetti. Je le prends en photo et je l'envoie à son autrice. C'est un objet délicat, un petit livre qui mesure 7,5 cm par 10,5 cm, tenu par une seule agrafe au milieu des pages. La calligraphie est très soignée, des lettres capitales et des dessins tracés à l'encre sur du papier transparent. La page de couverture porte le titre. Au verso de la première page apparaissent ces mots :

Tournejour est un projet de disparition. Une fenêtre ouverte sur le vide. Le sens de notre travail est dans sa perte. Dans ce qu'il y a d'incomplet. S'il existe un mode de lecture pour ce spectacle, il est à trouver dans le silence perdu et retrouvé à l'endroit de déséquilibre où le spectateur se pose. Un seul. Un. Seul. Suspendu. (Barbara Manzetti)

Le projet de disparition que Barbara écrit et réalise en 1995 trouve une nouvelle résonance dans celui qui m'occupe à présent. La disparition et la perte dansent ensemble. Je remets le petit livre dans la boîte avec les autres documents. Des traces qui témoignent de nos élans artistiques, de nos échanges, des moments d'intensité partagés et rendus visibles, mais aussi de nos difficultés. Parfois, notre seul soutien était les textes d'encouragement que nous nous envoyions ou que nous déposions dans nos boîtes aux lettres. Avec nos mots nous voulions apporter de la lumière, stimuler le travail de l'autre, souvent trop isolée. Nos processus de création étaient lents, réalisés avec peu, très peu de moyens. Nous bataillions avec nos ambitions et notre désir de partager le travail, désir contraint aux négociations parfois difficiles avec des intermédiaires. Dans ces archives reposent aussi les projets qui n'ont pas abouti, notre acharnement, notre enthousiasme, nos désespoirs.

Fantômes

J'ai été invitée à la présentation d'une pièce pour un public de professionnels et de programmateurs. La plupart des visages m'étaient à la fois familiers et lointains. Plusieurs années nous ont traversés. Certains étaient des artistes et le sont restés. D'autres sont toujours directeurs ou directrices d'une institution ou d'une autre. Il y avait aussi des artistes qui avec le temps sont devenus des programmateurs, ça se voyait à leurs habits, à l'assurance avec laquelle ils vous saluaient tout en évitant d'engager la conversation. Après la représentation, il y avait un buffet au cinquième étage. Nous, les artistes, en quête de travail et de retrouvailles, nous n'étions pas conviés. Descendus dans la rue, nous avons échangé des embrassades, parlé du temps passé et de l'hiver imminent. Nous étions les uns pour les autres des fantômes, le rappel d'une vie disparue ou en train de s'enfuir. La possibilité de s'ancrer dans le présent, d'avoir des tournées et des contrats à venir mangeait et riait au cinquième étage.

Danses assises

Les ébauches chorégraphiques, qui devaient aboutir à la création d'une danse guerrière, sont restées inachevées. Non seulement par manque de temps mais aussi parce que la fureur et la rage étaient insuffisantes. Sous le velux du salon je travaille une danse assise. Le combat d'un corps cherchant le courage de lutter. La danse se déroule dans une position qui limite les mouvements. Deux femmes dansent assises, explorent, défient ou acceptent les contraintes de leur corps malgré un âge très avancé. La danseuse argentine Maria Fux célèbre ses quatre-vingt-dix-neuf ans en dansant. La musique enregistrée d'Astor Piazzola *(Oblivion)* l'accompagne. La *bailaora*, la Chana, retourne, elle, à la scène après avoir arrêté la danse pendant plus de vingt ans. Elle a soixante-dix ans. Elle danse entourée de quatre musiciens de flamenco devant un public enthousiaste. Maria bouge avec délicatesse, son regard et son torse suivent les mouvements fluides et légers de ses mains. La danse de la Chana est furieuse, terrienne, son regard défie le public et les caméras qui la filment. Dans le documentaire que Lucija Stojevic lui consacre, *La Chana. Le flamenco est ma vie*

(2016), la *bailaora* parle et décrit ce qu'elle éprouve lorsqu'elle danse :

> *Es como un laberinto, cuando estás dentro de ti, dentro y sientes lo máximo que tu quieres, tus deseos íntimos, se forma un laberinto de muchas puertas […] Hago lo que quiero, soy valiente, porque la seguridad del compas hace que mis facultades obedezcan a mi alma. Mi alma le manda a mis facultades, a las piernas, a los pitos, y sé que puedo porque el sentimiento está amarrao al compás, lo controlo yo. […] Cuando bailaba era libre, era yo.*

Je traduis :

> C'est comme un labyrinthe, quand tu es à l'intérieur de toi, dedans, et que tu sens au maximum ce que tu veux, tes désirs les plus intimes, un labyrinthe se forme avec beaucoup de portes […]. Je fais ce que je veux, je suis courageuse parce que l'assurance du *compas* [schéma rythmique] fait que mes facultés obéissent à mon âme. Mon âme gouverne mes jambes, mes pieds, les claquements de mes doigts, parce que le sentiment est ancré dans le *compas*, je le contrôle. […] Quand je dansais, j'étais libre, j'étais moi-même.

Les paroles de la *bailaora* donnent accès à l'imaginaire dans lequel elle évolue, aux émotions qu'elle éprouve et traverse, aux combats qu'elle livre pour que naisse la danse. Elle doit décider à chaque instant le parcours à suivre, choisir parmi les multiples options qui lui sont offertes. Elle a de l'audace, elle n'a pas peur de se perdre car elle sait conduire ses affects vers des gestes précis. Elle prend des risques pour que sa danse reste vivante. Tout se déroule dans un présent intense. Le public assiste et participe à l'avènement de la danse qui naît de la lutte de la *bailaora*. Il se nourrit de l'énergie qu'elle déploie, il apprend à rester vivant.

La danse de Maria Fux est une célébration de la vie qui continue à circuler et à irriguer son torse, ses bras, ses mains. Sa sérénité contraste avec l'émotion profonde qu'elle suscite, soutenue et amplifiée par la musique mélancolique d'Astor Piazzolla.

Je prends un tabouret et, m'accompagnant d'une base rythmique – le schéma d'une *solea* lente –, je mêle la force de la Chana au calme de Maria. Je me bats pour retrouver la liberté perdue, pour pouvoir me déplacer à l'intérieur de moi-même, pour arriver à choisir un chemin parmi la multiplicité des sentiers qui bifurquent. Le rythme ralenti me tire en arrière, m'oblige à contenir et dompter les émotions impétueuses qui veulent s'échapper et sortir effrénées.

Aube

Un nouveau jour commence, avec sa lumière
encore absente et le bruit du camion poubelles.
À quelle heure se réveillent les éboueurs ? Un jour
encore avec ses possibles, avec ce qui se répète,
avec sa part d'inattendu. Blottie dans le fauteuil, je
vois d'un autre angle les lumières qui éclairent le
salon. De l'autre côté de la fenêtre tout est obscur.
Ma fille va partir à l'école et je resterai au chaud,
seule, considérant comment poursuivre ma journée. Me dévier de la liste inconfortable des choses
à faire que probablement je repousserai encore. La
journée entière est devant moi. Aujourd'hui, je me
suis réveillée à cinq heures. Je voudrais que quelque chose de significatif et différent advienne. Que
la journée soit remplie de petits gestes, d'actions et
de satisfactions qui ouvrent des perspectives ou que
je puisse accepter les impasses sereinement. Il est
maintenant sept heures quarante. Aucune clarté
n'annonce l'aube. L'obscurité confond les temps. Il
pourrait être minuit comme trois heures du matin.
Le réveil du quartier est lent et silencieux. Les rues
se rempliront bientôt des enfants allant à l'école. Je
bois du thé vert, il se refroidit, c'est ma deuxième
théière.

Prémices

Les lèvres du printemps sont encore closes, bientôt s'ouvriront les premières semences. La vie se prolonge en attentes. Je voudrais croire que c'est possible, que l'élan aboutira, que ces toutes petites feuilles sont l'amorce d'une croissance. Les mots circulent et voyagent entre plusieurs langues. Dans leur traversée ils rencontrent la confusion, le passé se mêle avec le présent. Les paroles arriveront-elles au cœur ? Réussiront-elles à ouvrir les portes du printemps ? Mars avance, la lumière éclaire encore le ciel du soir. La couleur bleue résiste pour ne pas basculer dans le noir. L'espoir surgit. Comme les premières fleurs, il a réussi à traverser le sol de l'hiver. Les oiseaux aussi reviennent, ils cherchent un territoire. Mes mots aspirent à créer un espace d'échanges, appellent le printemps. Ce qui me retient embrasse. La rencontre se produira, avec tous mes sens en éveil. Mon corps, sans peau ni frontières, se souvient. Encore le printemps. Au loin, il s'approche, je suis sûre, il viendra. À travers quels interstices, par quelles ouvertures, dans quels infimes espaces le contact se produira-t-il ? Les mains, les lèvres, le regard, l'odorat, les mots, les sons, la voix ?

En quête d'une maison

Il doit y avoir un lieu qui me ramène intactes les odeurs du passé, ses cachettes, ses obscurités. Ma maison était remplie de coins, de perspectives. La table du salon s'articulait et pouvait devenir un bateau qui nous sauvait *in extremis* du naufrage. Les couloirs étaient de longues avenues pour nos courses, pour nos déambulations. Les escaliers, lieu de nos poursuites, aidaient à nous échapper. Il y avait une pièce qui restait toujours plongée dans le noir, avec un grand fauteuil vert. La maison nous offrait une multitude de passages par où glisser, des recoins pour nous cacher, des entrées donnant accès à d'autres territoires. S'établir, s'enraciner. Les fenêtres ouvraient vers des paysages, une vue sur un incendie. Mes sœurs et moi préférions les espaces intérieurs, les armoires, les combles, au jardin et à la lumière. Je cherche une maison avec de multiples abris pour protéger la mémoire. La mémoire d'une enfance sauvée par les jeux, par la force et la puissance de l'imaginaire.

Voler

Je pourrais m'envoler. Je respire profondément, mes pieds deviennent légers, sans racines.
Presque sans poids, je quitte le sol, mes bras vont
vers les cimes.

La couronne de fleurs

Les paysages se confondent. C'était il y a cent ans, c'était il y a vingt ans, c'est maintenant. Je veux essayer encore, déposer à la surface de l'eau, doucement, une couronne de fleurs. C'était à la campagne en Ukraine, la nuit de la Saint-Jean, la nuit d'*Yvana Kupala*. Mon corps entre dans l'eau. Je n'ai plus peur. La rivière est froide. Les bougies attachées aux couronnes disséminent des éclats de lumière dans le noir. Des groupes se forment, ils chantent autour du feu. Il y a une grande table couverte de nourriture, des gens joyeux l'entourent. Je reste en retrait, timide, fascinée. Je crains le froid, l'obscurité trouble de l'eau. Les gens se baignent. Les corps plongent, nagent, crient, rient. Ressortent. Se réchauffent. Se rhabillent. J'observe. La nuit est très courte. Elle ne dure pas, comme notre désir, comme notre espoir. Les couronnes flottent, s'éloignent. Qui recueillera ces promesses à la dérive, emportées par le courant ? Que sont devenus les cœurs qui n'ont pas fui les flammes ?

Balbutiements

La lumière pousse les corps hors de leur silence. Par d'infimes ouvertures la vie s'élargit, respire. Le souffle s'amplifie. J'entends la rumeur des bourgeons et des feuilles naissantes, l'appel incessant de chaque être à exister. Un même tremblement palpite, nous transforme. Nous sommes unis par l'élan. Je suis troublée par tant de balbutiements.

Avril

Ivre de vent, je ne suis qu'une enveloppe qui flotte, qui se déplace à travers la dense expansion végétale et son déploiement sonore. La vie est parfaite mais nous ne sommes pas à sa hauteur.

Gouttes

C'est un son régulier qui frappe sur les vitres. La grisaille humide se répand. C'est la constance, des actions qui s'enchaînent, qui parfois se répètent. Un tissage d'instants infimes forme le temps qui frappe sur les vitres avant de disparaître, obéissant à la chute des corps. Les gouttes tombent, sans cesse, simultanément, les unes après les autres, les unes avec les autres. Leur son s'approche, diminue, devient intermittent puis s'éloigne. Je le perds, il tombe en gouttes, le temps s'en va. Où ? Qui le retient, qu'est-ce qui le retient ?

Douceur

La douceur du printemps continue, la vie reste calme, comme si toutes les inquiétudes dormantes n'allaient plus jamais se réveiller. Encore une très belle journée, après les camélias et le romarin, c'est la floraison de la giroflée et du rhododendron. Deux jours d'insouciance avant de commencer ma résidence de recherche. En compagnie de Barbara Manzetti et d'Elisabeth Maesen, nous allons explorer la vie contenue dans des danses qu'elles ont incarnées dans le passé. Il y a plus de vingt ans, elles avaient une autre vie, d'autres rêves, un autre corps.

La danse persiste, nous imprègne. Ensemble nous la convoquons, nous nous rendons perméables à son passage à travers nos corps de maintenant, nous lui offrons des émotions nouvelles. Ensemble, nous nous soutenons pour rendre possible son émergence, sans nostalgie ni regret. Pour que nos corps, encore vivants, la réactualisent et la laissent disparaître à nouveau.

Pente

Le temps acquiert des reliefs lorsqu'il y a une attente. Je le remonte vers la rencontre. Le chemin se fait lent et l'espoir grandit. Je gravis la pente, haletante, sereine.

S'offrir sans retenue à la lumière

Être embrassée, être enveloppée par une lumière capable d'atteindre les recoins les plus sombres du cœur, ceux qui ont survécu en restant enfouis, protégés. Être accueillie avec mes peurs, avec mes fragilités. Quitter l'abri pour m'offrir sans retenue, pour être incluse tout entière.

Inscrire, relier

Je cherche à relier les gestes de la danse contemporaine à des gestes plus anciens, à les enraciner dans une profondeur que leur donne densité et consistance. Les gestes, comme les danses du passé, voyagent dans le temps, parfois à la dérive. Je les recueille, je leur donne une nouvelle vie. Je regarde la danse avec des mots, à travers une forme en apparence très éloignée, l'écriture.

Je travaille à partir de gestes individuels et collectifs que j'extrais de leur contexte esthétique et historique pour les déplacer dans un nouvel environnement.

Zvenigora

Le réalisateur ukrainien Alexander Dovjenko conçoit *Zvenigora* (1928) comme un poème cinématographique. Dans une séquence du film, qui dure moins de quatre minutes, se déroule une scène dans laquelle, les mouvements et gestes d'un personnage alternent avec ceux d'un groupe. L'ensemble – gestes, postures, mouvements – convoque et suggère des élans interrompus, des émotions contraires.

C'est la fête du solstice d'été, la nuit d'*Yvana Kupala*. Une femme (Polina Otava jouant le rôle d'Oksana) se penche et, avec délicatesse, dépose une couronne de fleurs dans la rivière. Sur son visage, il y a une expression de joie contenue. Un groupe de femmes l'accompagne. Certaines suivent du regard les couronnes entraînées par le courant, d'autres, avec les mains, remuent l'eau pour que les ondes les emportent. Apparaissent ensuite des femmes qui courent en cercle. Elles rient, dansent et forment une ronde autour du feu. Leurs mouvements sont rapides. Leurs torses et leurs visages, à moitié effacés par la fumée, traversent le cadre de droite à gauche.

Dans la rivière, les couronnes continuent leur dérive.

Un vieillard sort d'entre les roseaux. Il s'approche du bord de l'eau pour saisir la couronne de la jeune fille.

Elle le voit. Une expression d'effroi trouble son regard. Des femmes, vues de profil, arrivent en courant, leur geste reste en suspens. Elles semblent immobilisées, leurs silhouettes figées.

Le vieillard sort la couronne de l'eau, éteint la bougie et la jette.

La jeune femme s'effondre. Le chœur de femmes s'approche. Nous les voyons arriver de dos. Elles reprennent ses gestes, lentement. Elles s'assoient sur les genoux, la tête penchée, le regard au sol.

Les arbres et la rivière relient joie et insouciance, inquiétude et déception. Ils absorbent les promesses interrompues, les émotions. Ils retiennent les postures presque immobiles, les gestes suspendus, les mouvements dynamiques. Dovjenko, en alternant postures statiques et déplacements rapides, chorégraphie les élans de vie, leur inachèvement.

Je voudrais explorer le potentiel des gestes, mêler impulsion et suspension, mouvements dynamiques et gestes retenus.

Douceur

Le matin est étendu sur les draps blancs. Endormie, avec la peau dégagée et le goût des rêves sur mes lèvres, je me retire de la douceur du lit pour boire un thé, pour savourer la lumière. J'inaugure la journée avec la soif de prolonger cette chère sensation, de l'offrir pour ne pas l'oublier.

Danser la disparition

Avec la danse une réalité parallèle s'insinue et s'installe peu à peu. Elle s'imbrique dans l'autre. Par ses gestes, la danseuse s'engage dans un espace singulier, dans un temps différent. Elle convoque l'imaginaire du spectateur, l'invite à la suivre. Les expériences d'autres danseurs et danseuses la soutiennent. Sur ce support, elle ajoute une autre couche, une nouvelle surface. La danse acquiert plus d'épaisseur. Elle se penche, observe ses sensations, s'oriente grâce aux traces laissées par ceux et celles qui l'ont précédée. La situation de partage est vécue comme un don de soi. Elle convoque les nombreuses tentatives que l'être humain a faites pour communiquer avec l'insondable, pour prolonger la merveille de la vie. La danseuse se souvient et revit avec intensité cet émerveillement. Elle danse la disparition.

Se détacher

Ce n'est pas si tard, la nuit est lente, j'ai besoin de toucher mon corps afin de sentir sa matérialité. Avant qu'il ne s'efface et ne disparaisse de mes mains, avant que le désir ne se perde.

La danse a été mon évidence, la danse est mon évidence, à travers elle j'ai appris à rassembler le vivant dans mon corps, à l'attirer pour qu'il y reste. Le désir se disperse, disparaît. La danse capte et condense l'appel de la vie. Elle est l'espace dans lequel j'habite et respire, mon attache, mes racines.

J'écris pour m'ancrer. La chair devient verbe. Pendant que je danse, il n'y a aucun doute, je suis vivante. Les mots retiennent les affects qui ont tendance à se détacher, comme le font des plaques de glace qui s'éloignent du glacier, ou les membres de la famille qui ont quitté le foyer. Sans eux, le lien se détend, se défait.

Je me détache, je suis vivante, je prends appui, je m'éloigne. La danse ne disparaît jamais.